그대도 가끔 거기 머무나요

이상수 시집

상상인 시인선 090

그대도
가끔
거기 머무나요

• 본문 페이지에서 한 연이 첫 번째 행에서 시작될 때에는 〈 표기를 합니다.
• 저자의 의도에 따라 작품의 보조 동사와 합성 명사는 띄어쓰기가 달라질 수 있습니다.

시인의 말

길이 끝난 길에서 시를 만났다

시는 팔짱을 껴오며
늦은 밤의 넋두리에도 고개를 끄덕여주었다
스쳐 간 시간과 머물다 온 인연을
얼굴 씻겨 데려다주었다

에둘러 지은 매듭,
그립고 고마운 이들에게
기별처럼 내놓을 수 있어서 기쁘다

겨울이 오래도록 따뜻할 것 같다

2025년 가을
이상수

차례

제1부

봄밤	13
제비꽃	14
환한 저녁	15
선물	16
살짝	17
장항선	18
둥구나무	19
꼭대기 집	20
배부른 밤	22
형상기억합금	23
박준의 시집을 다시 읽다가	24
가훈家訓	26
My Friend	27
생가生家	28
손녀가 왔다 갔다	30
고딕체	31
김홍빈 대장에 대한 생각	32

제2부

안부	35
사금파리	36
칸나	37
탑돌이	38
양수리에서	39
메밀꽃 필 무렵	40
구절초 연가	42
3박 4일	44
여자 프로 골퍼와 차 한잔하고 싶다	46
새벽의 일	48
이런 날엔	49
옷장	50
시인, 아직 멀었다	51
늦여름	52
망향	54
노을	55
어려운 부탁	56
김홍신 문학관에서	57

제3부

진군進軍	61
출소出所	62
겨울나무	63
유구무언有口無言	64
사발통문沙鉢通文	66
수국	67
겨울 어시장	68
파리의 항변	70
노각	71
사과나무의 독백	72
나무뿌리 보살	74
사바娑婆	75
굴레	76
그냥 입춘	77
신문에 대한 예의	78
어느 리어카를 위하여	79
세컨드의 푸념	80

제4부

돌탑	83
가랑잎 풍경	84
철없는 봄	85
곡비哭婢	86
가로지른다는 것	87
복사골 이야기	88
지독한 당부	90
어떤 광고	91
딱한 봄	92
칠봉이 형네	93
한화이글스파크	94
유성호텔	96
칠갑산 휴게소	97
캘리그래피 반 사람들	98
부고訃告	100
포스트잇	101
금강 합류 지점에서	102

해설 _ 결핍과 그리움의 시학	103
안현심(시인·문학평론가)	

제1부

봄밤

소쩍새 울음소리 꽃잎처럼 날리던 밤
새끼손톱만 한 등잔불 아래
어머니는 모시를 삼고
나는 숙제를 하고

찬물로 입을 축인 어머니,
"네 색시도 어디선가 공부할 텐데……"
대답 대신 나는
침 묻힌 연필만 꾹꾹 눌러쓰고

창호에 어룽대는 달빛 따라
그 애는 몇 번씩 왔다 가고
별모레가 장날인데
어머니의 손끝은 자꾸만 무뎌지고

제비꽃

담장 밑에서 소꿉놀이할 땐
조막손 안의 사금파리에 피었고

책보 메고 학교 갈 땐
앞에 가던 단발머리에 피었다

샛바람처럼 스쳐 간 얼굴에선
피는 듯 마는 듯 피더니

신혼집 현관에선
아침저녁마다 피었다

그 뒤론 뵈지 않던 꽃,

요즘은 안아 올릴 때마다 핀다
하얀 목젖 보이며
까르르 까르르 소리까지 낸다

환한 저녁

저물녘, 노란색 버스가 아파트 정문에 서자
아이들이 반짝반짝 쏟아져 나옵니다

태권도복의 소녀가 봉긋한 가슴을 앞세우며
맨 먼저 내리자
엄마 손을 놓은 아이, 아장아장 달려가
높다란 다리를 붙잡고
뒤돌아 엄마를 바라봅니다

강아지 앞세우고
실로폰 건반을 두드리듯
콩콩, 손잡고 가는 길에
반짝, 가로등이 켜집니다

오늘 저녁은
셋이서도
환하겠습니다

선물

선물을 받는다는 건
한 사람의 오랫동안을 받는 일이다

어느 날 아지랑이처럼 피어오른 마음이
무엇을 언제 어디서 어떻게라는 골똘함으로 이어져
물건을 고르고, 포장을 하고, 장소를 정하고
설렘을 가득 차려입은 채
먼저 와 앉아 있는 두근거림까지 맞이하는 일이다

굽이굽이 언덕을 돌아 바다에 이르는 강물처럼
작지만 많은 길을 거쳐
사람이 사람에게 닿아가는 일이다

살짝

채마밭 오이꽃에 앉았다 가는 나비처럼
무엇 하나 흔들지 않고
달팽이 더듬이처럼 내밀었다가
금세 거두어들이는

언 땅 헤집고 나온 마늘 싹처럼
제 마음 꼭꼭 숨긴 채
눈빛 하나 몰래 던져보는

가까워지면 마음 아플까
돌아서기가 너무 힘들까
몇 발짝 다가갔다가
화들짝 물러나는 발걸음

어금니 한 번 깨물면 되는데
심호흡 한 번이어도 되는데
끝내 내놓지 못하는
저 가엾은

장항선

보리가 누렇게 익어가는 유월,
어머니는 나를 창가에 앉히고
보따리 하나 안은 채 내 곁으로 다가앉았지

판교 다리 지나 너른 들과 깜깜한 굴도 하나 지나
서천 방앗간집 이모네 가는 길,
왜 가느냐고 물어도, 어머니는
창밖의 들만 넓구나, 넓구나 했었지

자갈길의 달구지처럼 덜컹대던 열차,
풀지 못한 응어리라도 있는 듯
속 앓는 소리 가며 가며 질러댔지

지그시 입술을 깨문 어머니 곁,
줄지어 뒤로 내빼는 전봇대를 보며
나는 자꾸만 신기하다고 했었지

둥구나무

장꾼들 비 긋는 움막이 되어주고
개미들에겐 살 집도 내어주고
새들이 노래하는 무대가 되던 곳,

구슬치기나 말뚝박기를 하면서
장기 두던 할아버지들 입씨름도 구경하고
낮술에 누운 아저씨의 가랑이도 보며
여름밤 늦도록 아줌마들의 웃음소리를 들었다

그늘은 넓어지고
푸르름은 하늘을 덮었을 텐데
나는 돌아갈 수가 없다

모든 그리움은
철없이
마음속에서만 핀다

꼭대기 집

마당 가에 서면 따개비 같은 초가집들이 내려다보이고
서낭당 고개를 넘어오는 신작로와
냇가에 벙거지 쓴 버드나무들이 보였다
눈을 멀리 두면 고갯길이 가르마를 탄 듯한 비홍산이 보이고
십 리 밖의 마름모꼴 저수지가 들어오는데
밤이면 별똥별이 거기로 곤두박질치곤 했다

학교가 끝나고 집에 올 때면
개구리가 튀어나오는 논둑과
파랗게 출렁이는 보리밭 사이를 지나
혼자서 한참을 올라와야 하는 길
모시밭 가의 너럭바위에 책보를 베고 누우면
구름 사이로 과수원집 여자애의 얼굴이 보이기도 했다

봄이면 꿩 울음소리가 맨 먼저 내려오고
여름밤 모깃불 피워놓은 마당 가운데 누우면
반딧불이처럼 깜빡이며 날아가는 비행기의 불빛도 보고
겨울 새벽이면 하얀 숫눈 위에
꽃무늬처럼 찍힌 짐승 발자국도 보았다

담장 가의 대추나무 살구나무 앵두나무와
좁다란 화단에 다투어 피어나던 꽃들
요즘 시를 쓸 때마다 그 집이 내게 온다

동네의 꼭대기에 있어 눈에 담아둘 게 많았던 집,
어느 날은 손을 잡아끌고
어느 밤에는 자분자분 말을 걸어온다
눈 내리는 강가를 걷는 연인처럼
그 집이 내 시에 숨을 불어넣고
나도 그 집을 깊게 끌어안곤 한다

배부른 밤

할머니와 자고 싶다며 베개를 안고 온 손녀가 둘 사이에 눕습니다 엄마 아빠랑 자라는 말에 대답 대신 몇 밤 자고 갈 거냐며 콩새처럼 둘을 쳐다봅니다 너는 어디가 제일 예쁘냐니까 고개를 갸웃하더니 제 코를 콕콕 찍습니다 휴대폰 잠금화면 속 사진을 보여주자 멋쩍은 듯 밀쳐내더니 깔깔대며 내 귀를 잡아당깁니다 할머니가 좋으냐 할아버지가 좋으냐는 물음엔 서슴없이 아내의 볼에 뽀뽀를 하더니 곧 내 쪽으로 돌아눕습니다 내일은 아이스크림과 반지사탕을 사달라면서 엄마에겐 비밀이라고 내 입에 손가락을 갖다 댑니다 갈수록 말똥거리는 눈을 위해 옛날얘기를 지어내자 그래서, 그래서를 몇 번 하더니 고른 숨소리로 갈아탑니다

동생이 언제 나오냐며 아내의 배를 만지던 조막손이
30년을 넘게 달려와 곁에 누운 밤,
셋이 덮은 이불이 불룩합니다

형상기억합금

침 흘리는 어미 곁에서
어깨 주무르고, 밥 떠먹이고, 머리를 감기는
TV 인생극장 속의 딸,
그 앞에서 여자가 훌쩍인다

나는 한 번도 저러지 못했어,
돌아갈 수 없는 어제를 꺼내 든 채
오늘을 운다

아픈 기억은 수명이 없다
분위기만 맞으면 언제든지 깨어나
죽비처럼 몸을 때린다

식어야 돌아온다

기다림이 약이다

박준의 시집을 다시 읽다가

나를 처음 시詩에게 데려갔던 그의 시집*이
어제, 50쇄 16만 부를 찍었다는 기사**를 읽었다

 머리 올린 미인의 손금에서 삼재三災를 떠올리고, 슬픔도 자랑이 될 수 있다며, 바닷가에 한철 머무는 마음에도 전부를 주었다는, 벽제의 화구火口에 미인을 밀어 넣고 붉은 해장국을 삼켰다는 그의 시가, 수많은 가슴에 비망록처럼 새겨지고 그 가운데 나도 있음을 돌아보는 오늘,

 시집을 꺼내 다시 읽는데
 모서리가 접힌 곳에 눈이 머문다
 내 마음에 도랑을 내고
 반짝이는 개울물로 흐르거나
 늦은 밤 창밖을 내다보게 했던 곳,
 그래서 더 깊이 읽는다

 살면서, 남에게 접어 보였거나 접어 준 것들
 이 모서리처럼 있을까
 이래서였지, 라며 깊게 끄덕이는 이 있을까

〈
나 지금 여기에 머물 듯
접힌 모서리 쓰다듬으며
누구 하나 내게 머무는 이 있을까

* 『당신의 이름을 지어다가 며칠은 먹었다』(문학동네, 2012)

** 2021년 1월 26일 자 일간 신문.

가훈家訓

 아버지의 집은 동네 한가운데 있고 우리 집은 산 아래에 있을 때 어머니는 길쌈을 업으로 삼았지요 베고 꺾고 째고, 삼고 날고 짜고……, 그런 마디마디의 일로 하루를 넘기고, 한 달을 이겨내야 다음 해를 바라볼 수 있었지요

 문풍지가 짐승처럼 울어대던 겨울밤도 어머니는 맨 무릎에 모시를 삼고, 나는 그 곁에서 철없이 자고, 일이 언제 끝났는지는 다음날 부풀어 오른 모시 굿과, 거기에 이슬처럼 내려앉은 핏빛이 말해주었지요

 춥고 긴 밤에 어머니는 얼마나 입술을 깨물며 작은 가슴을 몰아세웠을까요 보급 끊긴 소대장이 고지전高地戰에 내몰린 것처럼 자식 넷을 혼자서 거둬야 했던 어머니, 당신이 기댈 수 있던 것은 무릎에서 피를 볼 때까지였던 것 같아요

 족보에 이름과 날짜로만 누워 있는 어머니, 세월이 저물어 아이들에게 어머니를 이야기해야 할 때, 그 붉은 빛을 말해야겠어요 그것이 할머니의 삶의 문법이고, 우리 집을 일으켜 세운 가훈이라고 그때 울먹일지도 모르는데 그건 나의 눈물이 아니라 긴 밤을 닦아 세운 어머니의 눈물이라고 말하고 싶어요

My Friend

 작은 아이가 장가가면서 두고 간 'Air Friend', 선배에게서 물려받았다는 작은 선풍기다 가끔 앓는 소리를 내면서도 할 일을 했는데, 요즘 가랑가랑하면서 목이 돌아가지 않는다

 오늘 새벽,
 그런 몸으로 밤새 돌아갔을 그를 보니
 짠한 생각이 들었다

 옆에서 낮은 신음 소리가 났다
 새우처럼 오그린 모습,
 그도, My Friend였다

생가生家

술 냄새 풍기는 태안양조장 뒤
경이정憬夷亭 담벼락 아래 말집처럼 지은 집
벌겋게 녹슨 함석지붕 아래
여섯 자 장롱도 들이지 못한 천장에서
밤마다 들려오던 뜀박질 소리

꺼진 얼음장처럼 기울어진 방바닥과
옹이 빠진 마룻장 밑을 주인처럼 드나들던 고양이들
연탄가스에 눈까지 감아야 했던 부엌과
골목 바람이 건달처럼 드나들던 변소
앞집 담에 허물처럼 걸쳐 놓은 호스로
구걸하듯 끌어다 쓰던 물
대문 열고 청소할 때 여기도 사람 사네, 라며
들여다보던 눈빛들

칠순의 장모님이 쌀 두 포대 들여놓고 간 날
가계부 펼쳐놓은 옆에서
적금 통장 두 개를 힘없이 만지작거리다가
테레비 끄고 누운 저녁,

술 취한 고함소리가 담벽을 넘어올 때
팔베개 깊이 넣어
말없이 끌어안은 밤

일터에서 같은 색 넥타이만 맨다는 큰아이 호적에
주소로만 남은
바로 그 집!

* 충청남도 태안군 태안읍 동문리에 있는 정자 이름.

손녀가 왔다 갔다

네 살배기 손녀가
웃음 한 다발, 조잘거림 두 다발에
눈물도 찔끔 흘리고 갔다

이 방 저 방 기웃거리며 숨바꼭질하다가
옷장 문 열어보곤 까르르 웃고
춤 자랑하다가 엉덩방아 찧고는
할매 품에 안겨 울다가 웃었다

이게 뭐야 저게 뭐야
보이는 것마다 손가락 짚고
막대 사탕도 한 입 내주더니
발레 배우러 간다며 어미 따라서 갔다

머리 쓰다듬던 토끼 인형을 놔두고
그리다 만 할배 그림도 놔둔 채
매미 껍질 벗듯
저만 쏙 빼가지고 갔다

고딕체

나 한창 시퍼럴 땐
성난 거시기처럼 뭉툭하고
각진 그것을 좋아했다

제목은 물론이고 본문이나 각주에까지
잔뜩 핏대를 세웠는데

빈 주먹에 힘주는 것 같고
처진 눈 부릅뜨는 것 같아
요즘은 쓰지 않는다

목소리 크면 돌아앉고
작고 가늘수록 다가온다는 걸
귀와 눈이 순해지고서야 알았다

김홍빈 대장에 대한 생각

칼끝처럼 파고드는 추위를 이기고
천 길 벼랑인 크레바스를 건너고
날 선 능선을 맨몸으로 기어
하늘 아래 높은 곳을 그토록 많이 오른
그가,

한 번도 오르지 못한
죽음

그 어려움을, 잠시
디뎌보고 싶었던 건 아닐까

* 김홍빈: 2021년 7월 브로드피크 정상에 올라 히말라야 8,000m급 14
좌 완등에 성공한 후 하산길에 실종된 한국의 산악인.

제2부

안부

그리운 사람의 안부를
남에게 들을 때만큼
쓸쓸할 때는 없다

잘 지내는 것 같다고
잘 지낸다고
물기 없는 말을 쪽지처럼 받아 들을 때

저녁노을에 흩어지는 구름처럼
무엇 하나
매어 둘 것이 없다

사금파리

병뚜껑 하나에
조막손 오므려 담고
사금파리 하나엔
콩닥이는 가슴 한쪽 담아
풀잎 썰고 흙 버무려 마주한
골목 끝 밥상

봉숭아꽃 물들인 손에
붉은 마음 슬쩍 얹어놓고
볼우물에 손 한번 대보고 싶던
주근깨 그 아이

어디서 살까, 누구와 살까

잠깐, 치매에서 돌아온 노인처럼
문득 보고 싶은
이 저녁

칸나

 마당 가의 좁다란 우리 집 화단엔 채송화, 봉숭아, 맨드라미 같은 꽃이 동네 마당의 아이들처럼 붐볐는데요, 어느 날 누나가 낯선 꽃 뿌리 하나 얻어다 심었지요

 오던 해부터 꽃을 피웠는데, 구리무는커녕 머리핀 하나 꽂아보지 못한 누나와는 달리 늘씬한 키에 긴 머리 늘어뜨린 양조장집 누나 같고, 빨갛게 입술 칠한 면장 집 딸 같던 꽃을 누나는 하냥 이쁘다, 이쁘다 했지요

 그로부터 두 해쯤 지나 서울로 일자리 얻어 간 누나가 일 년도 더 지나 집에 온 날, 좁은 구두에 잘록한 원피스, 발갛게 칠한 입술을 보면서 내 누나가 맞는가 했지요

 땟국물이 검댕처럼 묻어나는 집에 짧은 서울말까지 배워 온 누나를 젖은 눈으로 쓰다듬는 어머니 곁에서, 나는 동아 연필 한 다스 받아 들고 누나 한 번 그 꽃 한 번 번갈아 보며 양조장집 친구가 하나도 부럽지 않았지요

탑돌이

잿빛 옷에 흰 고무신
챙 넓은 모자가
탑을 감싸고 돕니다

핏기 잃은 볼과
좁다란 어깨,
뒤척이던 밤도 함께 돕니다

걸음마다 옮기는 염주
작게 달싹이는 입
짧아지는 그림자를 밟으며
천 길 염원을 퍼 올립니다

해가 중천을 지나면
저 몸짓 그칠까요
저 걸음 어디에 닿아 있을까요

양수리에서

강이 강으로 들고
강이 강을 맞이하는
물안개가 비밀처럼 드리운 이곳이면 좋겠다

물새 파닥이며 날아오르는 소리
잔물결 신음처럼 뒤척이는 소리
바람이 갈대숲을 파고드는 소리
그걸 받아 둘 방 하나 얻으면 좋겠다

물살을 빗질하는 버들가지처럼
나 그대의 머릿결을 쓸고
그대 노을처럼 내게 기울면
이 밤이 이승의 마지막이어도 좋겠다

자고 나면 떠나갈 인연
나루터 말뚝에 꽁꽁 묶어 놓고
강물에 달빛 출렁이듯
밤새워 함께 부대꼈으면 좋겠다

메밀꽃 필 무렵

소금 뿌린 듯한 메밀밭을 지날 때도
휘영청 달 밝은 고갯길을 넘다가도
입꼬리 씰룩 올리며
자꾸만 떠올리는 그림이었다지요

남색 치마폭을 걷어 올리고
하얀 속 고쟁이 헤쳐
허겁지겁 자신을 들이밀던 밤
달빛에 희끗희끗 드러나는 어깨가
서럽도록 눈부셨다지요

눈빛조차 나누지 못한 어둠
입술 깨문 채 올려다보던 신음
서툴지만 뜨거웠던, 단 한 번 허락된 그 밤이
소쩍새 울음처럼 평생을 따라다녔고요

누구나 한 번쯤 잊지 못할 사람이 오고
떠나보낸 마음이 뒤돌아서 우는 밤,
메밀꽃이 수십 번 피고 져도

수백 번 달이 차고 이지러져도
돌아앉아 옷고름 매던 어깨를 그리며
차가운 개울물을 건넜던 것이고요

누를수록 돋아나는 그리움,
지나가는 뒷모습에도 눈길 주다가
돌아서서 낮달처럼 웃는 이유 아니겠어요

* 「사랑 그 쓸쓸함에 대하여」의 노래 가사 일부를 변용함.

구절초 연가

 봄비 오던 날, 외진 산밭을 떠나 이곳 학교의 언덕으로 왔어요 낯설지만 좋았어요 봄이면 달빛에 옷을 벗는 목련과 솜사탕처럼 부푸는 벚꽃을 보고, 여름이면 덩굴장미 앞에서 사진 찍는 아이들도 보았어요 나는 알아보는 이가 드물고 생김새도 초라해서 시무룩한 날이 많았어요 하지만 나를 데려온 그이가 자주 물도 주고 풀도 뽑아 주었어요 그래서 하루라도 빨리 예쁜 모습을 보여주고 싶었지요

 한 해가 지나 새털구름 흐르던 어느 날, 몸에 따스한 기운이 돌면서 마침내 꽃을 피웠어요 그때의 기쁨은 이루 말할 수 없었어요 나를 금방 보여주고 싶었지요 마침 그이가 왔을 때 나는 꽃잎을 활짝 펼치고 향기도 맘껏 뿜어냈어요 그이는 기다리던 손주라도 본 듯 나를 요모조모 뜯어보며 사진도 여러 장 찍었어요 아, 그런 행복이 어디 있을까요 나를 아끼는 이에게 나의 자랑을 보여준다는 것, 그보다 기쁜 일이 있을까요

 이듬해 봄, 꽃다발을 안고 학교를 떠나는 그이를 멀리서 보았어요 겨우내 한 번쯤 올 줄 알았는데 그러면 고맙다고

말하고 싶었는데, 너무 바빴나 봐요 시간이 흐르면서 그이에 대한 마음은 엷어졌지만 햇살 반짝이는 봄날이나 꽃 피우기 좋은 가을이면 그이가 보고 싶어요

  오늘은 왜 이렇게 그이 생각이 날까요 저 가을비 탓일까요 아니면 서툰 나이 때문일까요 그이를 한번 보고 싶어요 그이를 만나면 반가워 속으로 펑펑 울지라도 겉으로는 잘 지냈다고 말할 거예요 보고 싶지 않았느냐 채근하듯 물어도 꽃 피우던 그날처럼 환하게, 그저 환하게 웃기만 할 거예요

3박 4일

바빠서, 몸이 좋아지면, 일 그만두면,
미뤄둔 핑계가 설렘을 키운 걸
제주행 비행기는 알고 있었다
손을 맡기고 밖을 내다보는 모습,
기차를 처음 탔던 5학년이 떠올랐다

커튼을 젖히자 바다가 와있었다
음악이 있는 식탁이 신혼의 아침처럼 환했다
폭포에 뜬 무지개에 아이처럼 소리치고
카메라 앞에선 입꼬리를 올렸다
보폭을 맞춘 올레길과 손 내밀어 오른 오름,
두근거리던 옛날이 살아났다
돔베고기와 한라산 소주,
서귀포의 저녁이 첫날밤처럼 깊었다

해를 밀어 올리는 협재의 바다를 보며
해가 나라면, 당신은 바다지, 라며 웃었다
숲과 새, 바람과 갈대, 파도와 갈매기
서로에게 깃든 자연을 보았다

애기에 애기를 얹고 웃음이 웃음을 부르는 길
파도소리가 올라와 팔짱을 꼈다
제주에 가면 꼭 가보라던 애월의 카페,
마주한 얼굴에 노을이 붉었다

갈치구이를 얹어주는 젓가락을 받으며
건네주지 못한 것들을 후회했다
비자나무 숲을 걸어 나올 때
'앞으로'라는 말이 여러 번 왔고
'다음에도'라는 말을 여러 번 했다
이른 저녁을 먹으며 밥을 안 해서 좋다는 말에
설거지를 안 해서 서운하다고 했다

은빛 날개가 구름을 넘어서자
살면서 가장 가까운 햇살이
토닥이듯 두 무릎에 앉았다

여자 프로 골퍼와 차 한잔하고 싶다

공을 탄두처럼 쏘아 올리고
굿 샷, 소리에 입꼬리 하나 올리지 않는
그녀, 한번 만나고 싶네

널찍한 클럽하우스에 마주 앉아
나이나 집안 같은 것은 묻지 않고
구력球歷이나 몸매 관리의 비법도 묻지 않은 채,
두 타씩이나 줄이고도 왜 손만 살짝 드는지
홀컵을 핥고 지나가는 공 앞에서 몸 한 번 비틀지 않는지
모래 구덩이에 공을 처넣고도 표정이 없는 까닭과
우승컵을 안고도 그라운드의 사내들처럼 뛰지 않는 이유,
그것을 물을 것이네

커피는 아보카도를 시킬 거네
골프공 같은 아이스크림에 커피를 부어 놓고
그녀의 말을 한 숟갈씩 떠먹으며
표정도 빠짐없이 받아 챙길 거네

TV 뉴스 앞에 버릇처럼 질러대는 욕과

식탁 앞의 빈 투정에도 불끈거리는 하루,
공갈빵처럼 부푼 노욕을
그녀 앞에 내려놓고 올 거네
나직하게 흘러나올 그녀의 웃음을
주머니에 고이 담아올 거네

새벽의 일

새벽에 일어나면
화장실부터 간다

밤새 넋을 잃고 자는 동안에도
구석구석 몸을 돌아다닌 것들이
작업 끝난 광부처럼
줄지어 빠져나오는 것이다

날이 밝았다고
다시 시작해 보라고
운동회 날 허리춤 올려주던 어머니처럼
등을 떠미는 것이다

이런 날엔

서점에서 새로 나온 시집을 사가지고 오는데
함박눈이 펑펑 쏟아진다
갑작스런 술 생각에 마트에서 술을 사 들고 오는데
주머니에서 휴대전화가 울린다
꺼내 보니 손녀 사진이 무더기로 와 있다
밤엔 녀석들과 화상통화나 할까?
술기운에 불콰한 시나 한 편 쓸까?
눈 내리는 밤 카페도 좋겠지?
분위기 달구며 집 앞까지 왔는데
현관문을 나오는 아내를 만났다

- 어디 가?
- 눈 오잖아, 당신 좋아하는 술과 고기 좀 사 오려고

이런 날엔,
이렇게 세상이 풀리는 날엔
눈송이처럼 펄펄 날리고 싶다
몸과 마음 아무 데나 던져놓고
나이마저 확 넘어뜨리고 싶다

옷장

올해도 그냥 지나가느냐고
감색 정장들이 어깨를 들썩이며 묻습니다
흰 셔츠와 조끼도 같은 말을 합니다
이렇게 놓아둔 게 몇 해째냐고
주름 세운 바지도 목소리를 높입니다
이럴 거면 차라리 내치라면서
넥타이가 핏대를 세우고
모직 코트도 고함을 칩니다

마음 변한 것 아니라고
딴 살림 차린 것은 더욱 아니라고
두 손 모아 빌어보지만
깃발 펄럭이는 광장처럼
머리를 들이밀며 삿대질까지 합니다

맨 아래 서랍장 속
늘어진 속옷들만
마음 비운 아내처럼 말이 없습니다

시인, 아직 멀었다

 주말농장에서 뜯어온 쑥갓에서 노래 한 곡조 뽑을 것 같은 여치가 나왔다 창문 하나 열면 그의 무대인데 수채통에 처넣고 물을 틀었다

 아파트 앞 화단에서 토끼풀을 뽑는데, 이쁜데 왜 뽑아요, 라고 어린아이가 말했다 이리저리 머리를 굴리다가 그냥, 이라고 답하고는 원망하듯 아이 엄마를 바라보았다

 다섯 살짜리 손녀가 내 이마의 주름을 가리키며 누가 이렇게 칼을 그었냐고 말하고, 여덟 살짜리는 집에 있는 아코디언 같다며 웃는데 할머니한테나 가보라며 TV를 켰다

 눈 오는 날, 반석천을 걷는데 살 오른 쇠오리 두 마리가 물장난을 치고 있었다 우리도 저럴 때가 있었나, 라며 옆에서 팔짱을 껴오는데 보글보글 끓는 오리백숙을 떠올렸다

 안도현과 복효근, 나희덕과 손택수, 박성우와 김선우까지 속속들이 읽었는데, 누구 하나 막아서지 않았다

늦여름

수통골 오르는 데크길
힐끔힐끔 평일 오후를 훔치며
빨간 핸드백과 체크무늬 재킷이 걷고 있다
비자나무 숲의 연리지連理枝처럼
바짝 붙어서 걷고 있다

늦게 피어나는 풋기일까
숨어 쓰는 비망록일까
산벚나무 타고 오르는 다래 넝쿨처럼
낯선 듯 익숙하게 서로를 오르고 있다

반짝이는 나뭇잎
소낙비처럼 쏟아지는 햇살
계곡은 눈감은 채 길을 내어주고
굳게 입 다문 숲,
쓰름매미만 죽을 듯이 운다

좁은 갈래길,
어디로 가야 하는지

어디까지 가도 되는지
잡았다가 놓고, 또다시 잡는 손

해는 벌써 여름을 내려놓는데
바람은 서둘러 가을을 차려입는데

망향

점심을 먹는데 웬 파리 한 마리가 보였다. 거실 쪽으로 날아가더니 천장에 붙었다가 주방으로 왔다가 다시 액자에 가 앉았다. 바람 난 비행접시 같았다. 신문지로 내려치고 팔로 휘저어도 잡을 수가 없었다. 낯선 세상에 신이 난 거겠지, 서울역에 처음 내렸던 아홉 살이 떠올라 그냥 두고 나갔다 온 저녁, 어디를 둘러봐도 녀석이 없었다.

나흘쯤 지났을까, 뒷 베란다 방충망에 붙어 있는 녀석을 보았다. 요놈, 여기 있었구나 하며 다가가는데 꼼짝하지 않았다. 이게 웬일인가 싶어 살짝 손가락을 갖다 대자 부스러기처럼 떨어져 내렸다.

왜, 좋은 세상 놔두고 하필 여기였을까
이런저런 생각으로 두런거리는데
저쪽에서 말했다.

당신도 고향, 고향 하잖아!

노을

한복 입은 사무국장이 사회를 보고
돋보기 쓴 회장이 인사말을 하고
지팡이 든 수석 고문이 격려사를 하는데
백발의 중절모가 신인상을 받았다

올라오는 사람마다 어제를 살려보자고
우리에겐 힘이 있지 않느냐고
목주름 당겨 소리를 높이는데
단상 아래서도 여기저기 물개박수를 쳤다

왜, 저물수록 아귀에 힘을 주는지
해는 넘어갈 때에 더 붉게 피는지
답 없는 질문을 내게 하며
뒷줄에서 발꿈치 든 채
떡하니 사진 한 장 찍고 왔다

어려운 부탁

나이 오십이면 제 얼굴에 책임지라든지
얼굴은 마음의 거울이라는 말이
시 쓰는 나를 불편하게 한다

바위 같은 황동규 시인이나
모시옷이 어울리는 김사인 시인
뚝배기를 떠올리게 하는 김용택 시인이나
너털웃음 환한 이정록 시인을 보면
얼굴이 시를 담아내고
시가 얼굴을 부리는 것 같다

느지막이 시에 몸 부린 나,
밤낮으로 시를 품고 살 테니
시가 얼굴 하나 선물해 주면 좋겠다
얼굴의 주름은 빗질해서 죄다 거둬 가고
바람피우지 않을 만큼의 얼굴로 바꿔주면 좋겠다
무덤끼지 시를 데리고 갈 테니
크게 인심 한 번 써주면 좋겠다

김홍신 문학관에서

몇 날 며칠 뽕잎만 먹고
고개 든 채 자고 다시 먹고 자고
투명하게 몸이 부풀면
올올이 몸을 풀어 고치를 짓는 누에

세상의 곡절 낱낱이 훑어내
밤낮으로 버무렸을 일백서른아홉 권,
누에의 긴 도리질을 여기서 보네

웃고 우는 세상
어두운 골목과 뒤틀린 거리
깎아 세운 군상群像과 강물처럼 흘려 쓴 서사
뭉툭한 만년필 앞에서
벌린 입 다물지 못하네

글은, 미치면 써지는 거라고
언제 누구에게든지 열려 있다고
구석마다 웃고 있는 그가
굽은 등 토닥여 주네

제3부

진군 進軍

불볕 쏟아지는 갑천 자전거길
삐죽삐죽 머리를 내민 잔디들이
길가에 일렬횡대로 엎드려 있다

몸에 몸을 맞댄 채
상륙작전에 나선 병사처럼
길 건너를 노려보고 있다

짓밟고 지나가는 바퀴를 향해
물기 한 점 베풀지 않는 바닥을 향해
두고 봐라, 두고 봐라!
몸으로 소리치고 있다

출소出所

납작 주저앉은 무덤 정수리에
전봇대처럼 우뚝 선 소나무 한 그루,
무덤 속 깊이 뿌리를 내렸겠다

스멀스멀 기둥 타고 올라온 어르신,
꽃가루 되어 봄산도 날아보고
솔잎 되어 소낙비도 맞아보고
솔방울로 함박눈을 받아내며
살았던 동네까지 멀리서 보았겠다

감옥 문 나선 장기수長期囚처럼
두고두고
흠뻑 웃었겠다

겨울나무

떨고 있는 게 아니다
홀로 웅크린 것도 아니고
쓸쓸히 견디는 것도 아니다

눈과 바람까지 꼭꼭 쟁여서
언젠가 올 그날을
차곡차곡 준비하는 것이다

도톰한 햇살과 보드라운 빗방울
두 팔 벌려 맞이할
연둣빛 세상을 짓는 것이다

유구무언 有口無言
- 주말농장 1

그것들도 속이 있는 거여
줄기 키우고 꽃 피워 벌 나비 불러들이는 이유가 뭐겄어
그냥 재미로 하는 짓이여?
아녀, 아니고말고, 생각은 하나여
자식 퍼트리자는 거 아니겄어
그래서 밤낮으로 거름 빨아올리고
구름 속 햇빛까지 받아다가 몸 불리는 거여
그러다 새끼 들어차 단단하게 여물면
이제 갈 때 됐다고
잎은 누레지고 줄기마저 시들어
된서리 안 내려도 주저앉는 거여

사람이라고 다른감?
짝 만나 자식 낳고, 그 자식이 또 자식 낳으면
할 일 다 한 거여
암, 자식 두는 게 최고여

그런데, 주말농장 하면서
잎 따고 줄기 꺾고 열매도 맺는 족족 따오던데

그리고 선물 받은 아이처럼 웃던데
그때마다 무슨 생각 안 들어?

꽃이니 새니 나무를 노래하는 게 시인이라던데
정말, 아무 느낌 안 드냐고?

사발통문 沙鉢通文
- 주말농장 2

우리도 한번 해보는 거야
깃발 들고 북 치는 광장의 저네들처럼
보란 듯이 일어서보는 거야
좋은 이름 놔두고 뭉뚱그려 잡초라고 부르잖아
볼 때마다 눈 흘기고, 크는 족족 뽑아대는
저놈의 손을 분질러 버리자고
비 와서 발길 뜸하고 잘난 것들 물러터지는
지금이 하늘이 준 기회야
잡것의 근성이 뭔지
우리 힘이 어디까지인지 보여주자고
앉은뱅이 넙죽이 꺽다리 모두 나서서
넓고 두껍게 뻗어 나가는 거야
우리가 이 땅의 주인이 되어
시퍼렇게 세상을 덮는 날,
만세삼창 목 터지게 외쳐보자고!

모레까지 비 온다구?
봐, 하늘도 우리 편이잖아!

수국

냄비 가득 바지락이
물속에 잠겨 있다

낯선 예감의 끝,
화염처럼 올라오는 열기에
툭 툭, 몸을 연다

울컥울컥 갯내음
치욕처럼 드러나는 속살
신음 위에 신음을 뱉는다

돌아갈 수 없는 꿈
꽃잎처럼 펼치며
수국 한 송이 소복하게 핀다

겨울 어시장

싸락눈 내리는 저녁 무렵
까만 바닷게가 고무 함지박에 모여 있다
더듬이를 꿈적이거나 실눈을 뜨는 건
너는 괜찮냐고 묻는
나, 아직 네 곁에 있다, 라는
무언의 몸짓

어디로 가는지
가면 언제 오는지
아침부터 이어진 한 움큼씩의 이별
자꾸만 비워지는 함지박 속으로
차갑게 싸락눈이 쌓인다

추위에 오그라든 몸속으로
하나둘 바다 위 별빛이 흐려지고
두고 온 갯벌이 쓸려가고
잡힐 듯한 섬마저 아득해질 때
'떨이요!'라는 소리가
환청처럼 게의 몸을 깨운다

〈
가로등 환한 골목
너울너울 들려가는 비닐봉지 속
게의 뱃속은 수초처럼 흔들리는데
어디로 가는지
가는 길은 얼마나 먼지

파리의 항변

내 이름으로 사는 거다
썩고 냄새나는 것 치우며
당신 것 조금씩 기웃거리는 거다

맨살에 달라붙지 않고
톱 켜는 소리로 잠을 쫓지도 않으며
밤에 몰래 나와 도둑질하지도 않는다

그래도 손 비비며 미안해하는 나를
내려치고 휘저으며
더럽다 더럽다 욕하는 당신

묻고 싶다,
당신과 나, 누가 더러운가
누가 더 깨끗한 척하는가

노각
- 주말농장 3

고서古書의 표지 같은 빛깔로
바닥에 누운 모습,
어느 절에서 본 와불臥佛 같다

눈을 내리깔고
왜 왔느냐고 따질 것 같은 그 앞,
가만히 돌아앉아 잡초만 뽑고 왔다

갈 데까지 간 것
바닥을 치고도 그대로 있는 것
세상을 오래 지나온 것들은
어릴 적 할아버지처럼 올려다뵈는 게 있다

사과나무의 독백

날 풀리니까 몸이 근질근질하네유
늙었어두 피가 도는가 봐유
때 됐으니 주는 거름 받아먹고 꿈적거려 봐야쥬
올봄엔 그놈의 껄끄러운 붓질 대신
꿀벌의 종아리도 만져보고
나비하고 뽀뽀도 많이 해보고 싶은데
세상이 갈수록 거칠어져서 어쩔는지 모르겄슈
마음은 아직 봄인디
몸은 주저앉고 부스럼만 늘어서 걱정이네유

옛날이 좋았지유
온종일 새들의 노랫소리 간질간질하고
벌이며 나비는 또 얼마나 많이 찾아왔간유
가지마다 몽실몽실 꽃 피우면
물오른 처녀 총각 손잡고 와서
사진도 찍고 밤이면 늦게까지 있다 갔슈
가을이면 빨간 열매를 매달고
뒷짐 진 주인 웃음 보는 게 낙이었쥬
〈

찬 바람 불어도 겁나지 않았슈
그때는 언제까지나 그럴 줄 알았는데
그 세월 오래 머물 줄 알았는디
거짓말처럼 훌렁 가버렸슈
암유, 돌아볼수록
그때가 봄날이었슈

나무뿌리 보살

동네 뒷산 산책로에
길을 향해 마주 선 소나무 두 그루
얼기설기 드러낸 뿌리로
땅을 바짝 움켜쥐고 있다

벗겨지고 부르튼 몸
발등의 핏줄처럼 불거진 채
층층이 길을 받치고 있다

괜찮다, 괜찮다
누구든지 밟고 가라
법당 오르는 계단처럼
몸을 내주고 있다

사바 娑婆

냄새 나는 두엄자리에서
꿈틀대는 지렁이를 앞에 두고
닭 두 마리가 다툰다

날개를 푸드덕거리고
소리까지 지르며
미친 듯이 대가리를 쪼아댄다

뒤늦게 뛰어든 다른 놈이
한입에 지렁이를 채가자
멋쩍게 깔린 정적,

서로 눈을 거둔 채
고개를 처박고
더 깊이 두엄을 헤친다

굴레

풀밭 한번 딛지 못한 몸이
딱딱한 콘크리트 바닥에 앉아
기계처럼 마른풀을 씹고 있다
고무장갑 낀 팔뚝과 살을 섞어
새끼 낳은 치욕도 잠시
허연 젖통을 착유기 앞에 내놓고 있다
요람 속 젖먹이도 모르고
버터 향 풍기는 빵집도 모르고
치즈와 아이스크림은 더욱 모르는데
새끼에게 한 방울 물리지 못한 것
기다란 호스에게 내주고 있다
번들거리는 입을 위해
환하게 빛나는 식탁을 위해
번호표 하나 단 채
눈금 새긴 빈 통을 채우고 있다

그냥 입춘

계족산 등산로 옆 과수원에
검불처럼 누워 있는 백구 한 마리
줄에 매여 자리를 맴돌다가
눈곱 낀 눈으로 사타구니를 핥는다
벌 나비 출렁거린 봄과
덩굴장미 붉게 타던 여름
새털구름 높이 날던 가을을 보내고
찌그러진 밥그릇에 눈이 깊다
멧비둘기 두어 마리 날아들자
컹컹, 쉰 목소리 챙겨 들더니
저녁 둠벙처럼 고요해진다

배꽃은 언제 필는지
피면 또 어찌할 건지
봄볕조차 반갑지 않은 몸에
구름 그림자 살짝 머물다 간다

신문에 대한 예의

새벽, 어두운 현관에서
한 손으로 달랑 집어 드는 그게
어둠을 달려와 기다린 걸 생각하면
금세 펼치는 게 좋으리라

마감에 쫓겼을 전화와 타이핑
종종걸음과 윤전기의 거친 숨을 생각하면
한 장 한 장 넘기는 손이
조금은 설레도 좋으리라

불빛 아래 알 낳는 닭처럼
날마다 어김없이 찍어내는 걸 생각하면
사랑하는 이 앞에서 찻잔을 기울이듯
천천히 음미하며 넘기는 게 좋으리라

세상 구석구석을 돋보기 들이대어 보여주고
힘없이 접혀나가는 운명 앞에
어미의 밥상을 대하듯
좀 더 붙들고 있어도 좋으리라

어느 리어카를 위하여

부릉부릉 소리도 못 내고
어깨 편 질주의 본능도 없이
끌고 밀어줘야 이름을 얻는 너,
아침 일찍 골목을 나서는 걸 보면
너의 굽은 하루가 만져지는구나

모래바람 속 낙타처럼 쌓고 또 쌓고
매달고 끼우는 걸 허락하는 일
겁먹은 유기견처럼 길을 건너고
미로 같은 골목을 헤엄쳐 저울 앞에 서는 일
지폐 두어 장에 몸 조아릴 네가 보이는구나

낮은 처마 밑에 하루를 벗어놓고
나무토막처럼 누운 너
별빛은 꽃가루처럼 쏟아지고
벌레 소리는 합창으로 깊은데
홀로 이슬 맞는 네가 있어
굽은 허리 늦게나마 잠이 드는구나

세컨드의 푸념

친구들은 저세상으로 간 지 오래지만 나는 아직 청춘이에요 아담한 몸집에 겉도 반들거리고 속도 멀쩡하고 목소리까지 맑아요 나이보다 젊어 보여선지 가는 곳마다 사람들의 눈길이 느껴져요

집에 있는 날이 많아요 일하더라도 짧게 하죠 무거운 것은 싣지 않고 멀리 가지도 않아요 시장에 갔다가도 금세 돌아오죠 가끔 푸른 바닷바람도 쐬고 싶고, 넓은 도로도 쌩쌩 달리고 싶고, 분위기 있는 카페의 뜰에도 서보고 싶지만 그건 내 차지가 아니더라구요 그래서 혼자 투정도 부리고 다른 생각도 해보지만 들어 주는 이가 있어야지요

엊그제는 둘씩 데리고 살 필요가 없다며 나를 내보내려 하더라고요 들여앉힐 땐 언제고 인제 와서 나가라니 그게 말이 돼요 다행히 미뤄두기로 했다지만 나도 이제 떠날 때가 됐나 봐요

10년 넘게 드러누운 적 한번 없고, 원하면 언제든지 몸 내어줄 수 있고 미터기엔 3만 5천밖에 안 찍혔는데 나, 어떻게 해요 이 나이에 어떻게 하냐구요

제4부

돌탑

선운사 도솔암 오르는 길옆
반듯한 기단도 없고
법당의 소리조차 닿지 않는 곳,
옹기종기 가부좌로 앉아 있다

거센 장대비와 찬 눈보라에도
제 자리를 지키는 것은
그날의 합장과 그 손의 온기를
몸 깊이 새겼기 때문이리라

휴지처럼 버려지는 인연들 앞에
한번 정표는 끝까지 품어야 한다는 걸
탑의 이름으로 말하는 것이리라

시든 염원조차 사리처럼 껴안고
누군가의 탑이라는 걸
무너지는 그날까지 보여주려는 것이리라

가랑잎 풍경

눈 내리는 현충원 둘레길
돌돌 말린 낙엽이
참새 같다

바람결에 몰려다니며
가랑가랑 소리까지 내며
엎치락뒤치락 논다

나무는 저희를 버렸고
하늘은 폭력처럼 눈을 퍼붓는데
새 세상 만난 듯 깃을 세워 논다

끝났어도 끝난 게 아니라며
너무, 부럽게들 논다

철없는 봄

짐승처럼 웅크린 응달에도
인적 드문 요양원 뜰에도
팔랑팔랑 봄이 옵니다

불빛 흐릿한 4인실 침대,
한 폭의 볕이 넘어 들어와
일어나라고, 눈 좀 떠보라고
삭정이 같은 다리를 흔듭니다

말 좀 해보라며
저 밖은 언제 걸을 거냐며
물러터진 눈가를 쓰다듬는 손,
검버섯 가득 핀 거기에도
자분자분 봄볕이 쏟아집니다

곡비 哭婢

물 찬 항아리에 조붓이 머물다가
낯선 손에 들려
차례로 영정 앞에 놓이는 꽃

철마다 키워왔을 꿈
꽃잎마다 하얗게 머금은 채
사람을 대신하여 울고 있다

목 잘린 아픔을 끌어 안고
아침부터 밤까지
몇 번씩 오르내리고 있다

상주마저 자리 뜬 밤,
잠들지 못한 이승 하나를
여럿이 환하게 껴안고 있다

가로지른다는 것

천변 자전거 길은 세로로 뻗어 있고
냇물과 바람도 세로로 흐른다
쑥대와 개망초와 금계국이
열병식의 병사처럼 늘어서 있는 길,
한낮의 콘크리트 같은 고요를
뱀 한 마리가 가로질렀다
화살이 꿈틀대며 날아가듯
갑작스런 가로의 출현에
견고했던 세로가 와장창 깨지고
자전거 페달에도 경련이 일었다
이런 막무가내의 가로지름이
졸고 있는 모두를 깨운다
어느 새벽의 속보처럼
세상을 팽팽하게 당겨 놓는다

복사골 이야기

 6남매 중의 막내가 5형제의 맏이한테 온 겨 안홍댁이 복사골에 시집오던 날, 우마차 두 대에 머슴 둘이 따라왔는디 대단했댜 저쪽에선 사위 하나 보고 딸을 줬는디 자갈논 서 마지기에 호두알만 데굴거리는 집이 오죽했겄어 면서기 봉급이야 다 닳은 부지깽이만 했을 테고 시부모 모시랴 시동생들 거두랴 손 마를 날이 없었겠지

 안홍댁이 첫애 낳고 얼마 안 있어 시어매가 남들 죄다 문 닫는 오십 줄에 방구쟁이 하나를 낳았댜 그런디 시어매 젖은 쫄아붙고 며느리 젖은 불어 터질 거 아닌감 그려서 고모가 조카 젖을 솔찮이 뺏어 먹었댜 인공난리 끝나고 옘병이 돌아 진눈깨비에 갈대 쓰러지듯 애들이 죽어 나가는디 복사골도 예외는 아녔겠지 젊은 젖이 늙은 젖보다 나았는지 며느리 아들은 살고 시어매 딸은 죽은 거여

 애 묻으러 가는디 시어매하고 며느리가 산 밑에까지 따라갔댜 때가 볏 나락 익어가는 초가을이었는디 치맛자락 들어 눈물 닦던 고샅길에 빨간 정금나무가 있었댜 안홍댁이 그 시디신 정금 몇 개를 따 먹은 겨 그걸 본 시어매가 불호령을 내렸댜 지금 여기서 정금 따먹는 게 무슨 경우냐구 그 얘기를 들은 남편이 안홍댁 앞에 놓고 따지

는디 등짝만 들먹이다가 그렸댜 요새 신 것이 먹고 싶어서 그랬다구 그 뒤 얼마 지나 낳은 게 둘째 아들 덕만이여 이번에 서울대 간 애가 덕만이 큰 애고

  그때는 그렸어 입덧이랑 게 뭐여 먹고 싶은 게 있다고 말을 할 수가 있나 없는 집에 애 가졌다고 소리칠 수가 있나 세상 좋아졌지 요새는 줘도 안 먹잖여 싼 거라고 유기농 아니라고 아이구, 얘기하다 보니 신 것이 먹구 싶네 덕만네서 가져왔다는 귤 좀 내놔 봐 늙은 년이 입덧하는지 신 것이 땡기네

지독한 당부

백화점의 층계나 서점의 시집 코너,
극장 입구나 마트의 계산대에서 너를 본다
지하철역이나 고속버스 터미널에서도 문득, 너를 본다

그때마다 뒤를 따라가거나 앞에 가서 쳐다보지 않는다
너는 내게서 나갔다가 내게로 돌아오기 때문이다

낙숫물이 물방울을 지어내고 다시 지우듯,
너를 내놓았다가 거둬들인다
어느 날 아득히 먼 너를 만날지 모르지만
그건, 내 안의 너를 송두리째 지우는 일이다

오래된 신전을 허물고 새로 짓지 않듯이
너는 옛날 거기 그대로 있고
죽어서도 내게 오지 마라

오늘도 내일도 내 앞에 나타날 것이므로
걱정 말고 그냥 거기 있어라

어떤 광고

서울 양재역 앞,
지하 웨딩홀로 가는 계단 벽에
큼지막한 남자 사진 하나가 붙어 있다

여느 결혼식의 신랑처럼 웃고 있는 그는
'이혼전문변호사 ○○○'

그걸 본 순간
덤불 속 갓 부화한 솜털 앞,
긴 혀를 날름대는 유혈목이가 보였다

누가 봐도
그건
침략이었다

딱한 봄

 영산홍에 이팝꽃까지 흐드러진 교정, 담장 가 연못에선 며칠째 학교가 떠나갈 듯 개구리가 우는데, 몸을 포갠 채 눈을 끔벅이며 짝짓기하는 모습이 어느 원시 부족의 의식처럼 소박하다
 오늘은 어떨까 하고 나와 보니, 연못에 슬리퍼와 우유팩, 빗자루가 쓰레기장처럼 널브러져 있다 짝짓기하는 개구리를 떼어내려고 아이들이 찌르고 때리고 돌팔매질까지 했다며, 지킴이 선생님이 다가와 목소리를 높였다 서로 웃기만 하다가 어제 아침 전교생 앞에서 한 말이 떠올랐다

 진정한 기쁨은, 큰 기쁨이나 오래가는 기쁨이 아니고
 모두가 함께 나누는 기쁨입니다

 그 말이 힘없이 맴도는데
 수업 끝 종소리와 함께
 한 무리의 아이들이 쓰나미처럼 몰려오고 있었다

칠봉이 형네

 동네 이발소인 거기에는 없는 게 많았다. 새끼들이 포도송이처럼 매달린 돼지 그림이나 '家和萬事成' 같은 액자도 없었고, 거울이며 세면대도 없었다. 초등학교만 졸업한 칠봉이 형네 헛간인 그곳은 나무 의자와 아이들을 위한 키높이 깔판만 있을 뿐, 흙바닥엔 머리카락이 검불처럼 굴러다니고 쥐들이 구석에서 구석으로 달음박질치곤 했다.

 바리깡이 선머슴 논매듯 더듬거릴 때마다 어금니 사이로 신음을 삼켰고, 서툰 면도질의 끝엔 칼날 같은 핏자국이 묻어났다. 몽당빗자루 같은 솔로 머리를 털고, 때에 전 보자기를 풀 때면 "아프지 않았냐?"는 형의 말에 "아뇨"라는 말로 철든 배려를 실천한 곳이었고, 머리 삯 받아 쥔 형이 머리는 바짝 깎을수록 오래간다며 등을 토닥여 준 곳이었다.

 내가 커서 대처로 나왔을 무렵, 면사무소 옆에 문짝만한 간판을 내걸고 면장과 지서장의 머리까지 깎게 된 칠봉이 형, 조국 근대화라는 깃발 아래 무에서 유를 창조하던 그때, 칠봉이 형네 헛간은 꼬맹이들이 기꺼이 머리를 맡기고 아픔을 깨물어 청년 이발사를 길러낸 간판 없는 학원이었던 셈이다

한화이글스파크

가슴에 칼을 꽂아야 끝나는 콜로세움의 그들처럼
던지고, 치고, 받고, 뒹구는
벌판을 가르고 담장을 넘기고
깔고 뭉개어 돌려세워야 하는 밤,
관중석의 오랜 체중까지
대속代贖하듯 풀어주어야 한다

펄럭이는 오렌지색 물결
폭죽처럼 터지는 함성
김밥으로 빈속을 채우고
맹물로 타는 목을 적실지라도
소리에 소리를 보태고 어깨가 어깨를 일으켜 세운다
뒤지고 있어도, 처참하게 무너져 내려도
죽창처럼 목소리를 깎아
최강, 최강 한화를 외친다

모두를 일으켜 세운 9회 말,
끝날 때까지 끝난 게 아니라고
갈라진 목청을 고쳐 세운다

한 방이면 끝나는 길목,
마지막 헛스윙하고 들어가는 어깨를 향해
이곳의 내력인 듯
모두 한마디씩 한다

- 뭐여!

* 한화 이글스의 홈구장(1994~2024). 한화 이글스는 최근 5년 동안 프로야구 정규 시즌에서 10개 팀 가운데 꼴찌 3회, 8위와 9위를 각각 한 번씩 했고, 열여덟 번 연속하여 패한 기록도 있다.

유성호텔[*]

번쩍이는 도시 한가운데
노거수老巨樹처럼 버티고 있던 그가
처음 보는 현수막을 목에 걸었다
어렵고 긴 간판 대신
동네 이름 당당히 내걸고
오색 네온과 비밀스런 장막도 물리친 채
굳건하게 지켜온 백 년,
검은 세단 문 열어 맞이하는 깍듯함과
단상 가득 반짝이던 화환과 갈채들
온탕 속에 풀어놓던 새벽부터의 여유와
객실마다 새어 나오던 웃음들이
자본의 헛바닥 앞에 무릎을 꿇었다

- 새로운 모습으로 찾아뵙겠습니다

유언 같은 고별사를 늘어뜨린 채
깜깜하게
제 몸을 껐다

[*] 대전에서 1915년에 문을 열어 2024년에 폐업하였다.

칠갑산 휴게소

줄 서서 화장실 가고
애들에게 먹을 것 사주고
어묵국으로 뒤틀린 속까지 풀던 곳,
고속도로가 뚫리고 미끈한 우회도로까지 나면서
떠나온 고향집처럼 멀리 둔 지 오래다

고깃국에 물려서 토장국 찾듯
옛날을 더듬어 올라온 길,
곳곳에 드리워진 쇠줄과
마당 가득 서 있는 망춧대
흥청거리던 뽕짝 대신
비닐봉지 하나 날아오르지 않는다

어렵게 만난 옛사랑 앞
눈빛만 건네다가 돌아서는 중년처럼
등 떠밀려 내려오는 길,
저무는 것은 왜 이리 쉬운가
왜, 혼자만의 일인가

캘리그래피 반 사람들

퇴직한 은행 지점장과 말수 적은 여대생,
맛집 사장과 남편 먼저 보냈다는 교장 사모님과
특전사 제대했다는 동갑내기가
그날이면 꽃이 핀다

어디로 놀러나 가고 싶다며
같이 갈 사람 없냐는 말에
막내딸 때문에 속상해 죽겠다며
누구 데려갈 사람 없냐는 말,
임영웅보다 손태진이 좋다고 하자
박서진이 에녹보다 잘하더라는 말,
이야기에 이야기가 꼬리를 물자
정신 차려 글씨나 쓰라는 소리에
여기저기 키득키득 웃음꽃이 핀다

찰진 메밀묵에 꿀떡과 군고구마,
롤케이크와 물렁거리는 브라보콘과
바다 건너왔다는 초콜릿으로
입에도 가끔 꽃이 핀다

〈
저녁 반찬 걱정과
집에서 듣고 온 애먼 지청구도 잊고
두 달째 이어지는 허리 통증과
장모 병문안 갈 생각도 잊은 채
야무진 아티스트의 꿈으로
손끝마다 꽃이 핀다

겨울인데도 봄인 듯
사람 꽃, 자리마다
흐드러지게 핀다

부고訃告

문자가 새벽보다 먼저 왔다
'○○○님이 3월 5일……'
보낸 이는, 그였다

부지런하고 정 많고
만날 때마다 웃음 주던 그였는데
운동 열심히 하고 편하게 살라던 며칠 전 당부가
갑자기 유언이 되었다

밥 한번 먹어요, 자전거 한번 타요,
나의 그까짓 한 번이
끝내 한 번이 되지 못했다

사흘 뒤에 문자가 왔다
떠나지 못했는지
알린 이는, 아직 그였다

포스트잇

끈적이지 않는 물기를 머금고
고요히 머물다가 자리 뜨는
너를 생각해보는 거야

붙이고 뗄 때마다
무엇 하나 흐트러트리지 않는 너처럼
나도 그렇게 깔끔해지고 싶어

한두 번의 쓰임으로 생을 다하지만
있을 자리에만 있는 너,
지금의 낯선 이름 대신
빛나는 이름 하나 지어주고 싶어

가지런한 발자국조차 얼룩이 되는 세상,
가볍게 자리 털고 일어나는 너처럼
나의 가는 길도 그랬으면 좋겠어

금강 합류 지점에서

굽이굽이 흘러온 갑천,
저보다 넓은 세상을 만나
품었던 이름을 내려놓는다

넓이에 깊이까지 얻고
너울너울 들을 적시며 간다

앞만 보고 달려온 사십 년,
이름과 자리까지 내려놓았으니
입은 옷 벗어 던지고
저 물속에 풍덩 뛰어들고 싶다

작은 물줄기로 섞이어
훠이훠이 바다로 흘러가고 싶다

∞해 설

결핍과 그리움의 시학

안현심(시인·문학평론가)

1.

인상주의 화가 '클로드 모네Claude Monet'는 태양광선이 비치는 색조의 변화에 지극히 민감했고, '버지니아 울프 Virginia Woolf'는 파동처럼 움직이는 동작을 내포하는 것들에 민감하게 반응했다.

예술가는 뉘앙스에 몹시 예민한 사람이다. 뉘앙스를 형상화하려면 섬세한 고통이 따르지만, 이러한 고통을 기꺼이 감수하며 즐기는 사람이 시인이다. 이상수 시인은 '시인의 말'에서 이렇게 피력하고 있다.

"길이 끝난 길에서 시를 만났다. 시는 팔짱을 껴오며 늦은 밤의 넋두리에도 고개를 끄덕여주었다. 스쳐 간 시간과 머물다 온 인연을 얼굴 씻겨 데려다주었다. 에둘러 지은 매듭, 그립고 고마운 이들에게 기별처럼 내놓을 수 있어서 기쁘다. 겨울이 오래도록 따뜻할 것 같다."

늦게나마 시를 만난 것을 행운이라고 말하는 사람,

시와 함께할 수 있어 겨울이 오래 따뜻할 것이라고 예감하는 사람, 그가 바로 천형天刑의 시인이다. 시를 깊이 앓아본 사람은 안다. 쓰지 않고는 몸이 아파 견딜 수 없다는 것을, 쓰지 않고는 이 세상 어떤 일도 재미가 없다는 것을, 그래서 시인은 밤을 새워가며 시 쓰는 고통을 즐긴다.

2.

오랫동안 시를 쓰다가 보면 그 시인만의 이미지가 형성되기 마련이다. 시인마다 이미지가 사뭇 다른 것은 시 세계가 다르거나 그 형상화 방법이 다르기 때문이다. 시의 형상화 방법은 여러 측면에서 논의할 수 있겠으나, 그중 중요한 요소로 문체를 들 수 있다. 일찍이 뷔퐁은 '문체는 곧 그 사람이다.'라고 언급했다. 문체 혹은 글투를 보면 글쓴이의 성향을 곧이곧대로 파악할 수 있기 때문에 나온 말이다.

감칠맛 나면서도 아름다운 글투를 지니려면 '가치관'이 올바르고 아름다워야 하는데, 올바른 가치관이 문체로 드러나고, 문체의 살빛과 몸짓은 시인의 이미지로서 투사된다.

바위 같은 황동규 시인이나

모시옷이 어울리는 김사인 시인

뚝배기를 떠올리게 하는 김용택 시인이나

너털웃음 환한 이정록 시인을 보면

얼굴이 시를 담아내고

시가 얼굴을 부리는 것 같다

- 「어려운 부탁」 부분

시인이 인지하는 황동규 시인의 이미지는 바위같이 단단하다. 김사인 시인은 모시옷이 어울린다고 형상화하고 있는데, 이것은 시의 문체가 영향을 준 결과라고 볼 수 있다. "뚝배기를 떠올리게 하는 김용택 시인"이나 "너털웃음이 환한 이정록 시인"은 질박하고 꾸밈없는 것으로 독자들이 이미 인식하고 있다. 글투가 곧 그 사람이라는 걸 알고 있는 화자는 시 「어려운 부탁」을 통해, "느지막이 시에 몸 부린 나/밤낮으로 시를 품고 살 테니/시가 얼굴 하나 선물해 주면 좋겠다"라고 염원한다.

또, 「김홍신 문학관에서」라는 작품에서는 작가의 글쓰기를 닮고 싶어 한다. 김홍신의 글쓰기에 대해서는 "몇 날 며칠 뽕잎만 먹고/고개 든 채 자고 다시 먹고" 또 자다가 "투명하게 몸이 부풀면/올올이 몸을 풀어 고치를 짓는 누에"라고 비유하고 있다. 그렇게 밤낮으로 쓴 책이 무려 '일백서른아홉 권', 화자는 "누에의 긴 도리질을"

확인하고 놀라움을 금치 못한다.

"웃고 우는 세상/어두운 골목과 뒤틀린 거리"를 망라해 더듬으며, 군상群像을 깎아 세운 김홍신, 강물처럼 유장하게 흘려 쓴 서사 앞에서 입 다물지 못하는 화자에게 "글은, 미치면 써지는 거라고/언제 누구든지 쓸 수 있다"고, 문학관 구석구석에서 웃으며 시인을 위로한다.

선배 시인들의 이미지를 부러워하고, 만년필이 뭉뚝해지도록 원고를 쓴 작가를 흠모하며 탄생한 시인, 이상수가 그려가는 시의 지도는 어떤 형상일지 궁금하지 않을 수 없다.

시는 '결핍'과 '그리움'을 먹고 탄생하는 아름다운 생명체이다. 결핍은 채워지지 않은 허기 또는 욕망을 말하며, 이 모자람을 채우고 완전해지기 위한 마음 작용을 형상화한 것이 시이다. 그리움은 혈육에 대한 그리움, 이성에 대한 그리움, 지식에 대한 그리움, 특정 시공간에 대한 그리움 등 형이상학과 형이하학적 대상을 망라해 내재한다. 인간에게 결핍과 그리움이 존재하지 않는다면 생각과 감정이 없는 사물과 다를 바 없고, 나아가서는 주검과도 비견될 수 있다.

> 소쩍새 울음소리 꽃잎처럼 날리던 밤
> 새끼손톱만 한 등잔불 아래

어머니는 모시를 삼고

나는 숙제를 하고

찬물로 입을 축인 어머니,

"네 색시도 어디선가 공부할 텐데……"

대답 대신 나는

침 묻힌 연필만 꾹꾹 눌러쓰고

창호에 어룽대는 달빛 따라

그 애는 몇 번씩 왔다 가고

낼모레가 장날인데

어머니의 손끝은 자꾸만 무뎌지고

- 「봄밤」 전문

  이상수 시인의 작품에는 어머니에 대한 애틋한 서사가 많이 등장한다. 시 「봄밤」은 "새끼손톱만 한 등잔불 아래"서 어머니는 모시를 삼고, 화자가 엎드려 숙제하는 모습을 수채화처럼 선명하게 형상화하고 있다. "네 색시도 어디선가 공부할 텐데……"라는 말을 꺼내기 전에 어머니가 찬물로 입을 축였다는 표현에는 아들의 미래를 골똘히 생각하고 있었다는 의미가 함축되어 있다. 그 말의 뜻을 아는지 모르는지 연필을 꾹꾹 눌러쓰며 숙제할 때, "창호에 어룽대는 달빛 따라" 그 애(색싯감)가 어른거리고, 장날이 되기 전에 모시를 더 많이 삼아야 하는 어머니의 손끝은 무뎌지기만 한다.

전래동화 속 이야기처럼 아름다운 그림이다. 이러한 그림은 독자를 끌어들여 등잔불 아래 엎드린 화자로 돌아가게 하면서 끝내 눈가를 촉촉하게 만든다. 밤늦게까지 모시를 삼아야 했던 가난, 그러나 결핍은 시로 형상화되면서 아름다운 추억이 되고 말았다. 뼈아픈 가난도 시의 옷을 입으면 한恨을 치유하는 특효약이 되는데, 이 때문에 시인은 읽고 쓰는 일에 기꺼이 자신을 바친다.

어렸을 적의 특별한 기억은 그 화소가 촘촘해서 좀처럼 지워지지 않을 뿐 아니라 갈수록 선명해지는 특징이 있다. 시 「장항선」에도 어머니와 어린 화자가 등장하는 걸 보면, 이상수 시인의 어린 시절은 '어머니하고 쓴 동화'라고 언급해도 좋을 듯싶다.

"보리가 누렇게 익어가는 유월/어머니는 나를 창가에 앉히고" 보따리를 끌어안은 채 장항선 기차에 오른다. "판교 다리 지나 너른 들과 깜깜한 굴도 하나 지나/서천 방앗간집 이모네 가는 길,/왜 가느냐고 물어도" 어머니는 창밖의 들만 넓구나, 넓구나, 하면서 딴청 부릴 뿐이다. "풀지 못한 응어리라도 있는 듯" 기차는 소리를 질러 대는데, "지그시 입술을 깨문 어머니 곁"에서 "뒤로 내빼는 전봇대를 보며/나는 자꾸만 신기하다고"만 했을 뿐이다.

어머니는 이모네로 돈이나 양식을 얻으러 가는 길이 아니었을까? 내놓기 어려운 말을 어떻게 해야 할지, 궁리하는 기찻길이 심란하기만 하여 화자의 물음에 대꾸할 기력조차 없었으리라. 화자는 어머니의 마음을 알고도 모르는 척 시치미 떼고 있는 게 분명하다. 이러한 기법은 시에서 빈번히 차용되면서 주제를 구현하는 데 긍정적인 효과를 얻고 있다.

아버지의 집은 동네 한가운데 있고 우리 집은 산 아래에 있을 때 어머니는 길쌈을 업으로 삼았지요 베고 꺾고 쩨고, 삼고 날고 짜고……, 그런 마디마디의 일로 하루를 넘기고, 한 달을 이겨내야 다음 해를 바라볼 수 있었지요

문풍지가 짐승처럼 울어대던 겨울밤도 어머니는 맨 무릎에 모시를 삼고, 나는 그 곁에서 철없이 자고, 일이 언제 끝났는지는 다음날 부풀어 오른 모시 굿과, 거기에 이슬처럼 내려앉은 핏빛이 말해주었지요

춥고 긴 밤에 어머니는 얼마나 입술을 깨물며 작은 가슴을 몰아세웠을까요 보급 끊긴 소대장이 고지전高地戰에 내몰린 것처럼 자식 넷을 혼자서 거둬야 했던 어머니, 당신이 기댈 수 있던 것은 무릎에서 피를 볼 때까지였던 것 같아요

족보에 이름과 날짜로만 누워 있는 어머니, 세월이 저물어 아이들에게 어머니를 이야기해야 할 때, 그 붉은 빛을 말해야겠어요 그것이 할머니의 삶의 문법이고, 우리 집을 일으켜 세운 가훈이라고 그때 울먹일지도 모르는데 그건 나의 눈물이 아니라 긴 밤을 닦아 세운 어머니의 눈물이라고 말하고 싶어요

- 「가훈」 전문

"아버지의 집은 동네 한가운데 있고, 우리 집은 산 아래에" 있다고 표현한 것으로 보아, 아버지와 어머니는 함께 살지 않을 뿐 아니라, 아버지의 경제적 지원도 원활하지 않다는 걸 인지할 수 있다. "보급 끊긴 소대장이 고지전高地戰에 내몰린 것처럼" 어머니는 길쌈을 업으로 삼아 자식 넷을 키우면서, "하루를 넘기고, 한 달을 이겨내"며 살아가고 있다.

"세월이 저물어 아이들에게 어머니를 이야기해야 할 때, 그 붉은 빛을 말해야겠어요 그것이 할머니의 삶의 문법이고, 우리 집을 일으켜 세운 가훈이라고"라고, 형상화한 부분에서는 더 이상 읽어나가기가 어렵다. 화자의 이야기지만 내 이야기가 될 수 있고, 모두의 얘기가 되면서 감정이 이입되기 때문이다.

시는 결핍과 그리움을 먹고 탄생한다지만, 이상수 시

인의 가난과 그리움만큼 절실한 경우가 또 있을까? 산문시 형식으로 형상화한 「가훈」 한 작품만으로 이상수 시인은 깃발을 꽂았다고 할 수 있다. 좋은 시, 아름다운 시라 일컬을 수 있는 관점은 다양하겠지만, 내용적인 측면이나 형상화 기법에서 「가훈」은 단연 이상수 시의 백미라고 언급할 수 있겠다.

그렇다고, 시인의 어린 시절이 슬프기만 한 것은 아니었다. 시 「꼭대기 집」에서 형상화하는 어렸을 적 집은 자연의 아름다움과 소년의 설렘이 촘촘하게 묘사되어 있다. "학교가 끝나고 집에 올 때면/개구리가 튀어나오는 논둑과/파랗게 출렁이는 보리밭 사이를 지나/혼자서 한참을 올라와야 하는 길,/모시밭 가의 너럭바위에 책보를 베고 누우면/구름 사이로 과수원집 여자애의 얼굴이 보이기도 했"다면서 꼭대기 집까지 가는 하굣길의 자연경관을 묘사하고 있다. "봄이면 꿩 울음소리가 맨 먼저 내려오고/여름밤 모깃불 피워놓은 마당 가운데 누우면/반딧불이처럼 깜빡이며 날아가는 비행기의 불빛도 보고/겨울 새벽이면 하얀 숫눈 위에/꽃무늬처럼 찍힌 짐승 발자국"을 볼 수 있던 집, 그 집은 어린 화자에게 최고의 자연학습원인 셈이었다.

그런데 "요즘 시를 쓸 때마다 그 집이" 자꾸 화자에게로 온다. 생가生家는 존재의 근원이기 때문에 시를 쓰려고 할 때마다 영혼이 가닿을 수밖에 없다. 한편으로는 깨끗한 꿈을 키운 공간으로써 그리움이 깊기 때문일 수도 있다.

    할머니와 자고 싶다며 베개를 안고 온 손녀가 둘 사이에 눕습니다 엄마 아빠랑 자라는 말에 대답 대신 몇 밤 자고 갈 거냐며 콩새처럼 둘을 쳐다봅니다 너는 어디가 제일 예쁘냐니까 고개를 갸웃하더니 제 코를 콕콕 찍습니다 휴대폰 잠금화면 속 사진을 보여주자 멋쩍은 듯 밀쳐내더니 깔깔대며 내 귀를 잡아당깁니다 할머니가 좋으냐 할아버지가 좋으냐는 물음엔 서슴없이 아내의 볼에 뽀뽀를 하더니 곧 내 쪽으로 돌아눕습니다 내일은 아이스크림과 반지사탕을 사달라면서 엄마에겐 비밀이라고 내 입에 손가락을 갖다 댑니다 갈수록 말똥거리는 눈을 위해 옛날얘기를 지어내자 그래서, 그래서를 몇 번 하더니 고른 숨소리로 갈아탑니다

  동생이 언제 나오냐며 아내의 배를 만지던 조막손이
  30년을 넘게 달려와 곁에 누운 밤,
  셋이 덮은 이불이 불룩합니다

                                          - 「배부른 밤」 전문

  어머니 무릎에 맺힌 핏물의 대가로 성장한 아들은 시

「배부른 밤」에서 손녀와 행복한 시간을 보내고 있다. 제1연은 할머니 할아버지와 노는 손녀의 모습이 형상화되면서 웃음을 거둬들일 수 없게 만든다. 아이와 놀려면 아이와 같은 수준이 되어야 하는데, 아이처럼 행동하는 어른의 모습이 생뚱맞고 재미있어 부러움을 불러일으키기도 한다.

하지만, 이 시가 정작 말하고 싶은 주제는 짧은 제2연에 있다. 아들이 어렸을 때 동생을 잉태한 엄마의 배를 만지며 언제 나오냐고 묻던 기억을 소환해다가 오늘 밤의 사건에 오버랩한 기법이 매우 신선하다. 즉, 30년 전 아들의 조막손과 오늘 밤 손녀의 손이 동일시되면서, 손녀와 누워 있지만 아들과 누워 있다는 상상력을 가능하게 만들었다. 이 작품은 손녀가 내 핏줄이라는 강력한 메시지를 전달하면서 행복한 가족의 전범을 보여주고 있다.

네 살배기 손녀가

웃음 한 다발, 조잘거림 두 다발에

눈물도 찔끔 흘리고 갔다

이 방 저 방 기웃거리며 숨바꼭질하다가

옷장 문 열어보곤 까르르 웃고

춤 자랑하다가 엉덩방아 찧고는
할매 품에 안겨 울다가 웃었다

이게 뭐야 저게 뭐야
보이는 것마다 손가락 짚고
막대 사탕도 한 입 내주더니
발레 배우러 간다며 어미 따라서 갔다

머리 쓰다듬던 토끼 인형도 놔두고
그리다 만 할배 그림도 놔둔 채
매미 껍질 벗듯
저만 쏙 빼가지고 갔다

- 「손녀가 왔다 갔다」 전문

  시 「손녀가 왔다 갔다」 역시 아이와 천진하게 어울리는 조부모 이야기를 구체적이고도 간결하게 묘사하고 있다. 아이가 빠져나가자, 시끌벅적하던 집은 가지고 놀던 인형과 그리다 만 그림만 덩그러니 남아 몸뚱이 빠져나간 매미 허물 같다. 손녀가 빠져나간 자리가 크게 느껴지는 것은 손녀가 그만큼 소중하다는 의미를 함축하고 있다.

커튼을 젖히자 바다가 와있었다

음악이 있는 식탁이 신혼의 아침처럼 환했다

폭포에 뜬 무지개에 아이처럼 소리치고

카메라 앞에선 입꼬리를 올렸다

보폭을 맞춘 올레길과 손 내밀어 오른 오름,

두근거리던 옛날이 살아났다

돔베고기와 한라산 소주,

서귀포의 저녁이 첫날밤처럼 깊었다

해를 밀어 올리는 협재의 바다를 보며

해가 나라면, 당신은 바다지, 라며 웃었다

숲과 새, 바람과 갈대, 파도와 갈매기

서로에게 깃든 자연을 보았다

얘기에 얘기를 얹고 웃음이 웃음을 부르는 길

파도 소리가 올라와 팔짱을 꼈다

제주에 가면 꼭 가보라던 애월의 카페,

마주한 얼굴에 노을이 붉었다

- 「3박 4일」 부분

  어머니와 함께 쓰던 동화는 손녀 이야기를 지나 아내를 직시하기에 이른다. 바쁘다는 핑계, 몸이 안 좋다는 핑계로 미뤄둔 제주도 여행, 그 분홍빛 이야기가 시 「3박 4일」에서 흥미진진하게 형상화된다.

"갈치구이를 얹어주는 눈길을 보며/앞만 보고 달려온 날들을 후회"하기도 하고, "비자나무 숲을 걸어 나올 때"는 "'앞으로'라는 말"과 "'다음에도'라는 말을 여러 번" 반복한다. "늦은 점심을 먹으며 밥을 안 해서 좋다는 말에"는 "설거지를 안 해서 서운하다고", 유머 섞인 말로 응대하면서 둘만의 서사를 써나간다. 늦은 여행이라서 더욱 의미 있게 다가오는 작품이다.

　　서점에서 새로 나온 시집을 사가지고 오는데
　　함박눈이 펑펑 쏟아진다
　　갑작스런 술 생각에 마트에 들어가 술을 사 들고 오는데
　　주머니에서 휴대전화가 울린다
　　꺼내 보니 손녀 사진이 무더기로 와 있다
　　밤엔 녀석들과 화상통화나 할까?
　　술기운에 불콰한 시나 한 편 써볼까?
　　눈 내리는 밤 카페도 좋겠지?
　　분위기 달구며 집 앞까지 왔는데
　　현관문을 나오는 아내를 만났다

　　- 어디 가?

- 눈 오잖아, 당신 좋아하는 술과 고기 좀 사 오려고

이런 날엔,
이렇게 세상이 풀리는 날엔
눈송이처럼 펄펄 날리고 싶다
몸과 마음 아무 데나 던져놓고
나이마저 확 넘어뜨리고 싶다

- 「이런 날엔」 전문

하지만 뭐니 뭐니 해도 부부의 서사가 가장 재미있고 박진감 넘치게 형상화된 작품은 「이런 날엔」이다.

함박눈이 펑펑 오는 날, 새로 나온 시집과 술까지 사 들고 오다가 현관문에서 아내를 만난다. 어디 가느냐고 묻자, "눈 오잖아, 당신 좋아하는 술과 고기 좀 사 오려고" 하고 대답한다. "이런 날엔,/이렇게 세상이 풀리는 날엔/눈송이처럼 펄펄 날리고 싶다". 세상을 얻은 기분을 이보다 실감 나게 형상화할 수 있을까? 들고 있던 시집과 술까지 내던지고 광장을 펄펄 날고 싶은 기분은 독자에게까지 전달되어 뛰쳐나가고 싶은 충동이 일어난다.

아내가 내 맘을 알아주었을 때의 우쭐함은 마지막 연에서 절정에 달하는데, '나이마저 확 넘어뜨리고 싶다'라는 형상화가 그것이다. 이 형상화에는 신혼의 밤을 재현

하고 싶은 욕망이 강하게 내재한다. 나이를 넘어뜨린다는 표현은 나이 든 나를 인정하지 않겠다는 의미도 있지만, 남녀가 사랑할 때의 체위를 연상시키며 성적인 상상력을 불러일으키기 때문이다.

> 고서古書의 표지 같은 빛깔로
> 바닥에 누운 모습,
> 어느 절에서 본 와불臥佛 같다
>
> 눈을 내리깔고
> 왜 왔느냐고 따질 것 같은 그 앞,
> 가만히 돌아앉아 잡초만 뽑고 왔다
>
> 갈 데까지 간 것
> 바닥을 치고도 그대로 있는 것
> 세상을 오래 지나온 것들은
> 어릴 적 할아버지처럼 올려다뵈는 게 있다
>
> - 「노각」 전문

이상수 시인은 일상 중에 주말농장을 가꾸고 있다. 손바닥만 한 농장에서 자라는 채소며 열매들은 농사짓는 보람을 느끼게 하고, 질긴 생명력으로 시적 영감을 불러올 뿐 아니라, 신선한 먹을거리도 쏠쏠하게 대준다.

시 「노각」은 거칠게 튼 살갗을 고서古書의 표지에 비유하고, "어느 절에서 본 와불"에 비유한 형상화가 돋보이는 작품이다. 둔탁한 황금색 몸뚱어리로 땅바닥에 누운 노각을 '와불'로 표현한 형상화는 수평적 상상력을 불러일으키며 평등한 세상에 대한 갈망을 내재하고 있다. 한편, 눈 내리깐 채 누워 있는 부처의 심기를 건드릴까 봐 "가만히 돌아앉아 잡초만 뽑고 왔다"라고 표현한 부분에서는, 한순간도 해학을 포기하지 않는 시인의 글쓰기를 목격할 수 있다.

제3연의 "갈 데까지 간 것/바닥을 치고도 그대로 있는 것"은 신산한 삶을 온전히 견딘 사람을 가리킨다. '소 갈 데 말 갈 데' 다 지나고도 살아남았다면 성자가 되었을 법하지 않은가? 그런 사람은 어렸을 적 할아버지처럼 올려다볼 수밖에 없는데, 노각이 바로 그렇다.

시 「사발통문沙鉢通文」은 잡초의 입장에서 인간의 행위를 비판하는 내용을 해학적으로 형상화한 작품이다. 좋은 이름 놔두고 잡초라고 부르면서 크는 족족 뽑아내는 손모가지를 분질러 버리고, 잡것의 근성이 뭔지 보여주자고 하면서, "앉은뱅이 넙죽이 껵다리 모두 나서서" "깃발 들고 북 치는 광장의 저네들처럼" 세상을 시퍼렇게 덮어버리자고, 분기탱천憤氣撑天하는 모습을 형상화하고 있다.

이상수 시인이 입담이 좋다는 것은, 시 「사발통문」이 충분히 입증하고 있다. 이처럼 호흡이 긴 시들은 판소리 가사처럼 감칠맛 나는 운율을 내재함으로써 해학적·풍자적 재미를 안겨주는데, 그와 동일선상에 있는 작품으로 「칠봉이 형네」가 있다.

동네 이발소인 거기에는 없는 게 많았다. 새끼들이 포도송이처럼 매달린 돼지 그림이나 '家和萬事成' 같은 액자도 없었고, 거울이며 세면대도 없었다. 초등학교만 졸업한 칠봉이 형네 헛간인 그곳은 나무 의자와 아이들을 위한 키 높이 깔판만 있을 뿐, 흙바닥엔 머리카락이 검불처럼 굴러다니고 쥐들이 구석에서 구석으로 달음박질치곤 했다.

바리깡이 선머슴 논매듯 더듬거릴 때마다 어금니 사이로 신음을 삼켰고, 서툰 면도질의 끝엔 칼날 같은 핏자국이 묻어났다. 몽당빗자루 같은 솔로 머리를 털고, 때에 전 보자기를 풀 때면 "아프지 않았냐?"는 형의 말에 "아뇨"라는 말로 철든 배려를 실천한 곳이었고, 이발 삯 받아 쥔 형이 머리는 바짝 깎을수록 오래간다며 등을 토닥여 준 곳이었다.

내가 커서 대처로 나왔을 무렵, 면사무소 옆에 문짝만 한 간판을 내걸고 면장과 지서장의 머리까지 깎게 된 칠봉이 형, 조국 근대화라는 깃발 아래 무에서 유를 창조하던 그때, 칠봉이 형네 헛간은 꼬맹이들이 기꺼이 머리를 맡기고 아픔을 깨물어 청년 이발사를 길러낸 간판 없는 학원이었던 셈이다

- 「칠봉이 형네」 전문

없는 것이 더 많은 칠봉이 형네 이발소에서 벌어지는 이야기가 판소리 사설처럼 형상화된 작품이다. 내용적인 측면의 해학성은 차치하고라도 작품에 등장하는 '헛간', '몽당빗자루 같은 솔', '때에 전 보자기', '조국 근대화' 등의 어휘는 궁색하기만 하던 '60~70년대'의 시골 마을을 떠올리면서 주제를 구현하는 데 한몫하고 있다. 그런 시공간에서 어설프게 시작한 이발사가 몇 년 후에는 "면사무소 옆에 문짝만 한 간판을 내걸고 면장과 지서장의 머리까지 깎게" 되었다는 이야기는 영웅담을 읽는 듯 흥미진진하다. 칠봉이 형을 숙련공으로 만든 조연들은 물론 화자를 비롯한 동네 꼬마들이다.

　이상수 시인은 다양한 소재를 도입해 방대한 시 세계를 열어가고 있다. "괜찮다, 괜찮다/누구든지 밟고 가라/법당 오르는 계단처럼/몸을 내주"는 소나무가 등장하는가 하면(「나무뿌리 보살」), "냄새 나는 두엄자리에서/꿈틀대는 지렁이를 앞에 두고/닭 두 마리가" 살벌하게 싸우는 모습을 이승살이에 비유한 작품 「사바娑婆」가

있다. 또 "납작 주저앉은 무덤 정수리에/전봇대처럼 우뚝 선 소나무"를 감옥에서 출소한 장기수에 비유한 「출소出所」가 눈에 띄고, "계족산 등산로 옆 과수원에/검불처럼 누워 있는 백구"를 보고, 출렁이는 봄을 잃어버린 인간을 떠올린 시 「그냥 입춘」이 있다.

그런데, 시 「가랑잎 풍경」은 지금까지의 글쓰기 방식과 전혀 다른 측면을 보여준다.

>눈 내리는 현충원 둘레길
>돌돌 말린 낙엽이
>참새 같다
>
>바람결에 몰려다니며
>가랑가랑 소리까지 내며
>엎치락뒤치락 논다
>
>나무는 저희를 버렸고
>하늘은 폭력처럼 눈을 퍼붓는데
>새 세상 만난 듯 깃을 세워 논다
>끝났어도 끝난 게 아니라며
>너무, 부럽게들 논다
>
>- 「가랑잎 풍경」 전문

그러고 보니, 돌돌 말린 채 몰려다니며 엎치락뒤치락하는 가랑잎은 색깔이며 형상이 꼭 참새를 닮았다. "나무는 저희를 버렸고/하늘은 폭력처럼 눈을 퍼붓는데/새 세상 만난 듯 깃을 세"우고, "끝났어도 끝난 게 아니라며" 신나게 노는 모습이 화자는 부럽기만 하다. 참새는 통통거리는 모습이 재빠르고 역동적인데, 동글동글한 몸뚱이에 꽁지까지 올렸다면 "깃을 세워 논다"라는 형상화가 딱 들어맞는 표현이다.

> 천변 자전거 길은 세로로 뻗어 있고
> 냇물과 바람도 세로로 흐른다
> 쑥대와 개망초와 금계국이
> 열병식의 병사처럼 늘어서 있는 길,
> 한낮의 콘크리트 같은 고요를
> 뱀 한 마리가 가로질렀다
> 화살이 꿈틀대며 날아가듯
> 갑작스런 가로의 출현에
> 견고했던 세로가 와장창 깨지고
> 자전거 페달에도 경련이 일었다
> 이런 막무가내의 가로지름이
> 졸고 있는 모두를 깨운다
> 어느 새벽의 속보처럼

세상을 팽팽하게 당겨 놓는다

　　　　　　　　　　　- 「가로지른다는 것」 전문

　시 「가랑잎 풍경」과 「가로지른다는 것」은 이번 시집에서 손꼽을 만한 수작이다. 좋은 작품에 대한 정의는 다양하겠지만, 두 작품은 지금까지의 서술 시, 이야기 시와 변별력을 지니면서 비유와 긴장과 이미지와 함축 등 현대 시론이 추구하는 바를 충분히 만족시키고 있기 때문이다.

　자전거를 타고 천변을 달릴 때 길과 냇물과 바람은 세로로 흐른다. 개망초와 금계국도 "열병식의 병사처럼 늘어서" 있을 때, "한낮의 콘크리트 같은 고요를/뱀 한 마리가 가로"지르며 "견고했던 세로가 와장창 깨지고/자전거 페달에도 경련이" 인다. 이와 같은 파격은 "어느 새벽의 속보처럼/세상을 팽팽하게" 당겨 놓는다. 세로로 일어선 세상에 빠른 가로의 출현, 섬뜩한 긴장감은 독자들의 상상력마저 팽팽하게 당긴 채 풀어주지 않는다.

3.

　제2차 세계대전 때 소련군에게 잡힌 폴란드 병사 중 살아남은 포로는 79명이었다. 폐허가 된 수도원 건물에 갇혀 노동과 추위와 굶주림을 견디던 중 누군가가 우리도 지적인 행위를 해보자고 제안했다. 책도 신문도 없는 곳이지만, 자신만의 지식을 이야기해 보자고 했다. 강의 원고는 사전검열을 받아야 했지만, 교수 출신 포로는 책의 역사를, 공대 출신 포로는 건축사를, 산악인이었던 포로는 히말라야를 이야기했고, 화가 '유제프 차프스키'는 젊은 시절 매료되었던 '마르셀 프루스트'의 『잃어버린 시간을 찾아서』를 순전히 기억에 의존해 강의했다.

그들은 생리적 욕구에 만족하지 않고, 역사와 건축과 문학을 이야기함으로써 인간임을 확인하고 싶었던 것이다. 후에 차프스키는 『무너지지 않기 위하여』라는 책의 서문에서 "우리는 당시 현실과 아무 상관도 없는 '정신세계'에 대해 생각하고 반응했다. 옛 수도원의 식당에서 보낸 시간은 온통 장밋빛이었다."라고 피력하고 있다.

시인은 삶을 건너는 방법으로써 시 쓰기를 택한 사람이다. '파블로 네루다'가 "시는 구원이자 치유이며 숨통"이라고 말했듯, 시인은 시를 쓰며 삶의 애환을 극복하고 아름다운 걸음을 내딛기로 맘먹은 사람이다. 좋은 시를 쓰기 위해 노력하다 보면, 배려와 연민이 내면화되어 세상을 보듬는 아량도 넓어질 것으로 믿는다.

올바른 시의 길을 걷기 위한 이상수 시인의 땀방울이 시집 갈피마다 눈뜨고 있었다. 연필이 뭉뚝해질 때까지 원고와 씨름하며 밤을 새운 흔적이 핏빛 지문으로 뭉클 뭉클 다가왔다. 폐허가 된 옛 수도원에서 지적 활동을 했던 포로들처럼, 열악한 식당 세미나장이 온통 장밋빛이었다고 말한 차프스키처럼, 시를 쓰고 읽으며 아름다운 사람이 되자고 약속한 시인이여, 그대의 여정이 온통 장밋빛이기를, 시로 인해 결핍과 그리움이 환희롭게 피어나길 바라며, 첫 시집 발간을 진심으로 축하한다.

상상인 시인선 090

그대도
가끔
거기 머무나요

초판인쇄 2025년 10월 20일
초판발행 2025년 10월 25일

지은이 이상수
펴낸이 진혜진
편집주간 황정산
표지디자인 최혜원
기획·마케팅 전은빈 최유림 노혜림 정현수
책임교정 오 늘
편집 세종PNP

펴낸곳 도서출판 상상인
등록번호 제572-96-00959호
등록일자 2019년 6월 25일
주소 06621 서울시 서초구 서초대로74길 29, 904호
전화번호 02-747-1367, 010-7371-1871
팩스 02-747-1877
전자우편 ssaangin@hanmail.net

ISBN 979-11-7490-019-7 (03810)
값 12,000원

* 이 책은 대전광역시, 대전문화재단에서 사업비 일부를 지원받아 발간되었습니다.
* 이 책은 전부 또는 일부 내용을 재사용하려면 반드시 저작권자와 도서출판 상상인의 동의를 받아야 합니다.
* 이 도서의 국립중앙도서관 출판시도서목록(CIP)은 서지정보유통지원시스템 홈페이지 (http://seoji.nl.go.kr)와 국가자료공동목록시스템(http://www.nl.go.kr/kolisnet)에서 이용하실 수 있습니다.